Ye   20241

DEUX POËMES

A LA LOÜANGE DV ROY,

AVEC LA TRADVCTION en Vers Latins.

A PARIS,

Chez JEAN CHARDON, ruë de la Bucherie, à l'Image S. Louys.

M. DC. LXXIV.

ILLVSTRISSIMO
VIRO D. DOMINO
COLBERTO
REGI AB INTIMIS
CONSILIIS ET MANDATIS
ÆRARII, ARTIVM, ET ÆDIFICIORVM
PRÆFECTO.

VIR ILLUSTRISSIME,

UM, Naturæ beneficio obstrictus, quæ me Gallum felici fato nasci voluit, & in summam raptus admirationem tot eminentium in Rege virtutum, ac præterea ejus in litteratos

A

munificentiæ, tenuissimo licet merito, particeps, sæpè tentarim, Carmine, per immensas ejus laudes excurrere, aut saltem ex iis aliquas delibare, nescio, an interdum aliis nonnullis, mihi certè nunquam satisfeci. Idem mihi contigit, cùm te intuens de Musis, ac privatim de meâ tam bene meritum (taceo quàm de Rege & Regno) ausus sum, *Ad sacra Vatum Carmen afferens nostrum*, tuo etiam nomini anser inter olores obstrepere: semper cassus mihi labor est visus, semper conatus irritus. Verùm inveni tandem viam, quâ utrumque meum debitum alienis sumptibus exolvam, quandoquidem meis non potui. Siquidem incidêre mihi in manus elegantissima duo Poëmata Gallica, quæ Regis, tuasque illis adhærentes laudes convenientissimè celebrant; magnificè nimirum illas, & Regiæ Majestati, rerumque gestarum gloriæ congruenter; tuas, non quasi buccina promulgatas, sed tantâ arte, tantâque industria involutas, ut ad illas nulla vel minimum possit exasperari modestia. Cæterùm ita sunt contexta & concinnata ista Poëmata, ut meo judicio, vix possint ipsæ Musæ ingeniosius aliquid excogitare, simulque cultiùs & venustiùs illud exprimere. Hæc ego volui latinè vertere, Tibique, Vir Illustrissime, denuò offerre, sicque autorum apud te meriti consors ipse quodammodo fieri. Verùm & alia accessit ratio, scilicet, ut eorum amœnitate, quantum in me est, perfruantur etiam qui Gallicè nesciunt; ac in exteris, ad quos mea hæc interpretatio pervenerit (si tam felicem genium sit habitura) acuatur desiderium ediscendæ Linguæ Gallicæ, quam celeberrima Academia, cujus è sociis sunt horum Poëmatum duo autores, suis non solùm curis ditat & exornat, sed innumeris etiam lucubrationibus Gallicis, ejusdem, quô sunt istæ, meriti & elegantiæ : quæ si Latinè etiam legerentur, ægerrimè procul dubio ferrent, quibus lingua nostra non innotescit, summâ se, ex hâc

A ij

ignoratione, privari utilitate & voluptate, vellentque posse è rivis ad fontes ascendere, typos visis ectypis intueri. Quare tantùm abest ut nobilissimæ videri debeat Academiæ, per hujusmodi versiones aliquid sibi detrahi, suo à scopo aberrari, suo obviari instituto, promovendæ scilicet Linguæ Gallicæ; quin potiùs optandum illi videatur, ut alij, me peritiores, similem navarent operam in vertendis plerisque insignibus aliis Academicorum suorum operibus, iis præsertim quæ ad Regis immortalem gloriam pertinent. Pace enim illius dixerim; quocumque ad hanc propagationem feratur studio, ad hoc etiam adjuta à Regij nominis celebritate, quæ universum jam orbem pervagatur, vix potest sperari, quin angustioribus semper terminis circumscribatur Lingua Gallica, quàm Latina, quæ olim *extra Garamantas & Indos protulit imperium*, & nunc veteris etiam gloriæ reliquiis latissimè fruitur. Hoc igitur æqui bonique consulat colendissima mihi semper Academia, meque in his duabus lucubrationibus probet vel patiatur interpretem, ut me habet in aliis etiam suis admiratorem: Túque, qui unus etiam es ex illustrissimis ejus sociis, simulque ejus Ἐργοδιώκτης, &, sub Rege, Musarum Parente, Agonotheta, patiare me obsecro tibi præterea.

VIR ILLUSTRISSIME

Omni cultu obsequioque devotissimum & addictissimum,
MAURY.

RELATION NOUVELLE
DU PARNASSE
A Mr PERRAVLT.

Coute-moy, PERRAULT, j'ay
   beaucoup à te dire,
  Interromps pour quelques momens,
  Tes assidus attachemens.
   A tant de travaux qu'on admire,
Et qui d'un regne heureux & d'un puissant Empire,
  Seront d'éternels Monumens.
  Ce qui m'oblige à te distraire
  N'est pas d'importance legere ;
  Ce n'est point pour t'entretenir
  De l'agreable souvenir
Du temps dont la douceur nous fut jadis si chere,
  Quand nous n'avions point d'autre affaire
Que de prendre au Parnasse ensemble des leçons ;
Et d'aller à Viry, dans d'aimables retraites,
Sur le bord des Ruisseaux, à l'ombre des buissons
  Faire l'essay de nos Musettes
  Et de nos premieres Chansons

NARRATIO
REI NUPER GESTÆ
IN PARNASSO,
AD PERRALTUM.

A vacuas, PERRALTE, aures narrare paranti
Multa, moræ pretium sed quæ sunt grande futura.
Paulisper curas operum, quas sedulus urges,
Intermitte, operum, Regi Regnoque superbum
Quæ paritura decus, sęclis violabile nullis.
Non hîc in mentem tempus revocabimus illud,
Grato in secessu cùm nobis cura sedebat
Unica, vel fontis vel amœni in margine rivi,
Fronde sub arboreâ graciles inflare cicutas,
Hisque aptare rudis nostræ tentamina Musæ.

A iiij

Apprens où nous reduit la vertu trop severe
De cet HOMME au dessus du Merite ordinaire
  Que tu sers avec tant de soin :
Pourquoy veut-il toûjours nous contraindre à nous taire
  Des Merveilles qu'on luy voit faire ?
Quel delicat scrupule alla jamais si loin ?
Le Parnasse en gemit, Apollon en murmure
Et je dois te conter l'étonnante avanture
  Dont je viens d'estre le témoin.

Dans l'ardeur de former un agreable ouvrage
Pour divertir un ROY, la gloire de nôtre âge,
  Et qui par mille efforts divers
  S'éleve avec tant d'avantage
  Sur tous les Rois de l'Univers,
  I'ay voulu faire le voyage
De ce Mont renommé des Muses l'heritage
Où jusques dans leur source on puise les beaux Vers.

Ie ne m'arreste point au recit inutile
De ce que ce Païs a de plus difficile,
Le chemin t'est connu jusqu'au moindre détour,
  Et nostre amitié me convie
A ne te retracer de ce divin séjour,
  Que ce qui peut te faire envie
De ménager encor' des momens de ta vie
  Pour y revenir quelque jour.

Accipe, quò summi illa viri, cui totus adhæres
Addictus, fugiens præconia debita virtus
Nos adigit, præfracta nimis, nimiumque severa.
Grandia quæ patrat cur nos jubet ille silere?
Quæ visa hoc sese cohibere modestia fine?
Ingemit Aonidum chorus, indignatur Apollo;
Hisque super tibi, quod nuper mihi contigit, edam.

Pierium meditabar opus, quod Regis ad aures
Perveniens, animum curarum mole levaret.
Hâc mente, accingor Phœbeum scandere montem.
Unde, diu victura, petunt sua carmina Vates.

Difficiles hîc mitto aditus, tacéoque viarum
Aspera, quæ calles, & quæ, felicibus ausis,
Olim evicisti: tantùm quo pectore, quáque
Jungor amicitiâ, moneo, jam facta revisas
Hæc loca plana tibi, veterique labore fruaris,
Furari momenta novo cùm pauca licebit

Vne route peu frequentée
Qui m'invitoit à la choisir
M'offrit un doux passage à la Grotte écartée
Du paisible Dieu du Loisir.

Sur un lit de Roses nouvelles
Ie reconnus ce Dieu couché nonchalamment ;
Des Cascades continuelles
L'entretenoient d'un bruit charmant.
Mille petits Loisirs, ses Ministres fidelles,
Venoient faire leur cour sans trop d'empressement :
L'un luy montroit des fleurs pour trier les plus belles,
L'autre d'une Guirlande apportoit des modelles,
Vn autre proposoit un divertissement,
Et tous des moindres bagatelles
Se faisoient à leur choix un doux amusement.

De là, poursuivant mon voyage
I'entray dans un desert sauvage
Où nul sentier n'estoit tracé ;
Et marchant quelque temps avec incertitude
Insensiblement j'avançay
Vers l'antre de la Solitude.
La Nymphe, à mon abord, témoigna se troubler ;
Le moindre bruit sembloit luy faire violence :
Elle estoit à l'écart, seule avec le Silence,
Et je passay sans luy parler.

Semita trita parum, quæ me pellexit euntem,
OTII ad ocultam tacito me tramite sedem
Perduxit, tranquillus ubi mihi nec mora notus
Est Deus, apparens, veluti languore solutus,
Membra toro fultus roseo, placidéque quiescens,
Dum præceps per dispositos longo ordine saltus
Lympha cadit, dulcique invitat murmure somnos.
Huic summo de gente Dij famulantur eadem
Mille minuti alij, possis quos dicere mille
OTIOLA, accedens, strepitu sed lene sonanti,
Officiosa cohors Regem pueriliter ambit.
Omnigenos est qui flores erraticus offert,
Ut magè formosos legat ipse: Argutulus alter
Monstrat texendæ formamque modumque coronæ:
Oblectamenti sese genus iste putavit
Invenisse novi, specimenque industrius edit.
In pretium demum quævis jocularia cedunt.
Inde viam sensim quæ se dabat obvia carpens,
Defecisse omnem stupeo circum undique callem:
Persequor incertus, quòd nulla regentia signa,
Atque ad Eremicolæ latebras me confero Nymphæ.
Aspectu turbata meo Dea palluit, horrens
Vel minimos strepitus; & quodvis debile murmur.
Congrediebatur cum Numine sola silenti
Colloquio muto: feror ultrà mutus & ipse,
Admittit quando ille locus commercia nulla.

Sa Compagne la plus cherie,
L'ingenieuse Réverie
Me vint, un peu plus loin, entretenir tout-bas,
Et s'offrit à guider mes pas.

Cette Guide adroite & sçavante
Me montra le moins rude & le plus court chemin
Pour monter sur le Mont divin;
Et laissant le sommet, par une douce pente,
Descendit avec moy dans le sacré Vallon
Qui sert de retraite charmante
A la docte Cour d'Apollon.

Elle me fit passer sur la rive fleurie
D'un Ruisseau qui cherchoit les endroits les plus beaux,
Et qui las de courir avec trop de furie,
Venoit se reposer le long d'une Prairie
Dans un lit entouré de Ioncs & de Roseaux.

Nous primes le frais sous l'ombrage
D'un double rang de verds Ormeaux
Qui de cette onde oisive aimant le voisinage
Sembloient en se panchant avancer leurs rameaux
Pour y contempler leur image.
Aucun vent importun n'agitoit leur feüillage,
Et le calme profond de ces dormantes eaux

Nymphæ fida comes, quæque omnis conscia curæ,
Ingeniosa mihi MEDITATIO facta seorsim
Est propior, mecum summissa voce loquendo,
Offert seque ducem, bene sic assueta mereri,
Perque viæ salebrosa minus, compendia perque
Furtiva, optatam demum dat cernere vallem,
Aulam Musarum. Conspectâ animosior illâ,
Pergo sequens. Propter rivi me ducit amœni
Florentem ripam. Loca jucundissima quærens
Ille videbatur liquido pede currere præceps,
Cursuque ut fessus, prato requiescere tandem
In molli, quod cum junco prætexit arundo.
Dum sic progredimur, captamus amœniter umbram
Ulmi quam gemino frondentes ordine præbent,
Quasque suos credas longè protendere ramos,
Illis ut sese vitreis speculentur in undis
Leniter acclines: fallax respondet imago,
Et vana illudit mentitis frondibus umbra.
Non motus ciet hîc ullos, neque sibilat aura
Vel minima; ad requiem, lymphis quæ languet in
illis,

Respandu sur tout le rivage,
Faisoit resver jusqu'aux oiseaux.
Ie fus enfin conduit par ma Guide charmante
Au Temple du Dieu des beaux Arts,
Ie le trouvay remply d'une foule bruyante
Des Suivans des neuf Sœurs venus de toutes parts.
J'appris d'un cry confus que le Dieu du Parnasse
Refusoit de les écouter,
Et qu'il ne souffroit plus qu'on l'osast consulter.
Chacun d'eux ignoroit d'où venoit sa disgrace;
Tous me presserent de tenter
Le hazard de me presenter,
Mais je n'eus point assez d'audace
Pour croire qu'aprés eux on me dût mieux traiter.
Apollon se fit voir, & d'un regard severe
Força tout le monde à se taire.
Les Muses le suivoient, & toutes, contre nous,
Sembloient partager sa colere.
Allez, dit-il, ingrats, allez, retirez-vous;
Ne pretendez jamais à mes dons les plus doux;
N'esperez plus mon assistance:
Il n'est point de si beaux Esprits
Qui ne soient dignes de mépris
Quand ils sont sans reconnoissance.

Hîc meditabundæ volucres credantur & ipsæ,
Ad Templum tandem sum ductus Apollinis, artes
Cui curæ, quique his ex illa præsidet arce.
Turba Poëtarum forte hùc convenerat ingens;
Ac primùm cæco sonitu fremere omnia visa,
Clariùs auditur sed mox ignescere Regem
Irâ ignotâ, & consultis responsa negare,
Atque suæ causam quemque ignorare repulsæ.
Hic oculis, ac voce alius, me denique poscunt
Exploratorem cuncti, hortanturque latentis
Causam expiscari fontemque aperire doloris,
Permultos jamque hoc frustra tentasse ferebant;
At non increvit mihi tanta audacia, nec me
Credidi adepturum sortis melioris honorem.
Spectandum turbæ intereà se præbet Apollo,
Cunctaque compescit subtorvâ murmura fronte.
Illum affectantur, vultuque videntur eodem
Iræ participes simul excandescere Musæ.
Ite, ait, immemores meritorum, abscedite templo
E nostro, à nobis speretur gratia nulla,
Ad vos fons solitus manare exaruit omnis.
Dotibus ingenium tumeat quantumlibet amplis,
Insit & omne decus; sordebunt omnia, labes
Ingrati si juncta animi, deforméque virus :
Divinam inficerent tetra hæc contagia mentem.

Vous retrouvez l'éclat que vous aviez perdu,
Vous gouſtez les douceurs du ſiecle heureux d'Auguſte ;
Qui peut vous retenir dans un ſilence injuſte ?
  Et quel Eloge n'eſt point dû
Au MECENE nouveau que je vous ay rendu ?
D'une commune voix nous fiſmes tous connoiſtre
Que c'eſt avec regret que nous n'en parlons pas,
  Et que nous ne ſommes ingrats
  Qu'autant qu'il nous force de l'eſtre;
Que lors qu'il ſuffit ſeul à mille emplois divers
Quand l'ardeur de ſon zele apprend à l'Vnivers
Qu'en faveur d'un grand ROY les deſtins l'ont fait naître,
Il refuſe avec ſoin nos Eloges offerts,
Et qu'il veut qu'on reſerve au ſeul Nom de ſon Maiſtre
  Tout l'éclat de nos plus beaux vers.
Ie ſçay, dit Apollon, qu'un ſi grand Nom demande
De nos divins Concerts la pompe la plus grande,
La gloire de LOVIS ne peut trop éclater;
  Mais de peur de le rebuter
Des honneurs qu'à jamais j'auray ſoin qu'on luy rende,
Il faut qu'autour de luy quelquefois on répande
  L'encens qu'on luy doit preſenter.
Honorez la vertu de ce nouveau MECENE,
  Meſme au peril de l'irriter.

       Abdiderat

Abdiderat quę se, illustrat vos Gloria rursus,
Sęculaque Augusti redierunt aurea vobis.
Quæ vestras cohibent injusta silentia voces?
Et Męcœnati, vobis qui redditus, ecquis
Non debetur honos? quo non hic carmine dignus?
Communis mox à turbâ vox insonat omni.
Materia laudum in tantâ nos, Phœbe, silemus
Inviti. Laudes meritis Vir maximus amplas
Provocat, occludit sed nostra modestior ora,
Nec sumus ingrati nisi quantum nos jubet esse.
Conficit ille unus dum mille negotia, parque
Omnibus est solus, dumque illum ardorque, fidesque
Mensque diem obscuris solers immittere rebus,
Atque intricatis laqueos & solvere nodos,
Magno opportunè Regi fatisque benignis
Esse docent natum, à nobis præconia quęque
Respuit oblata, ad Regem jubet omnia verti,
Totque graves inter curas nihil ista remittit.
Phębus ad hęc. Nostros à tanto nomine novi
Conatus omnes cuncta & modulamina posci.
Sat resonare nequit Lodoici gloria magni.
Fastidire tamen pompam ne possit honorum,
Quantam promeruit, curæ mihi quæque futura
Venturis longè sæclis, hunc thurea circum
Undantum poterunt spargi quoque munera laudum.
Hæc veteris virtus nova Mecœnatis, iniquo
Iste ferat quamvis animo, celebrabitur aptè.

B

Si les Eloges luy font peine,
Et s'il ne peut les éviter,
Ce sera moins à vous qu'il faudra qu'il s'en prenne
Qu'au soin qu'il a d'en meriter.
Qu'un de vous de ma part prés de luy sollicite :
Qu'on luy remonstre bien quelle est la dureté
De la loy qu'il vous a prescrite ;
Dites luy qu'en un temps favorable au merite,
Sous un Regne plein d'équité,
Quand la Satire mesme agit en liberté,
Il est fascheux de voir la loüange interdite.
Puis qu'il veut que toutes vos voix
Celebrent la grandeur du Heros des François,
Allez representer à l'ardeur de son Zele,
Que ce n'est point assez de chanter les Exploits
Qui rendront de son ROY la memoire immortelle ;
Et que loüer le sage choix
Des Hommes éclairez qui par un soin fidelle
Soûtiennent dignement le poids
Et l'honneur des premiers Emplois,
C'est la loüange la plus belle
Et qui porte plus loin la gloire des grands Rois.
Nous fusmes tous ravis d'entendre
Ce qu'Apollon nous proposa ;

Ægrè si tulerit, sese ipse incuset, abhorrens
Laudari, cùm tanta illi sit cura merendi.
E vobis unus, Musarum & nomine nostro,
Illum conveniens injustam exponere legem
Ne dubitet, quamque haud illam præscripserit æquus.
Admoneat, justi auspiciis & numine Regis
Vivere concessum cùm sit, sua præmia sintque
Virtuti, meritoque locus; cúmque omnis honesta
Regnet Libertas, Satyræ quoque campus apertus
Cùm pateat, quàm sit laudes inhibere molestum,
Quàm vinclis illas frænare & carcere durum.
Illi tam sedeat Regis cùm gloria cordi,
Cùm vestras omnes velit huc contendere voces,
Advertat non esse satis celebrare, geruntur
Quæ bello, quæ pace, decus meritura perenne;
At magnos legisse viros, fidosque probosque,
Quorum sufficiant obeunda ad maxima vires
Munia, non modicam Regi laudemque parare
Nec minùs Aonio memorari carmine dignam.
Dixerat; excipitur læto hæc sententia plausu,

B ij

Mais pour le soin qu'il falloit prendre,
Chacun de nous s'en excusa.

Ce Dieu lassé de tant d'excuses,
Pour se déterminer prit les avis des Muses.
Enfin, cher PERRAVLT, ce fut toy
Qu'un Arrest solemnel nomma pour cet Employ.
Apollon m'a chargé de venir te l'apprendre :
C'est à toy de répondre à ce que tu luy dois.
Tu luy fus consacré dés l'âge le plus tendre :
Les faveurs dont ce Dieu t'a comblé tant de fois
Ne te permettent pas de vouloir te défendre
D'obeïr toûjours à ses Loix.

QVINAVLT,
de l'Academie Françoise.

Mandati declinat onus sed quisque, timendo
Haud molles aditus. Demum indignatur Apollo
Tot ludi effugiis, in conciliumque vocatis
Cum Musis, deno unanimi decerneris ore
Legatus, PERRALTE: in te cura illa recumbit;
Sumque ipse edictum jussus perferre. Facesses
Haud dubiè mandata. Nimis tibi cultus Apollo
Et cultæ Musæ, vix pubescentibus annis,
Indulsere tibi sese nimiumque benignæ,
Illarum imperiis ut nunc parere recuses.

RESPONCE
de Monsieur PERRAVLT.

Ainsi donc, cher QVINAVLT, Apollon trouve étrange
Que nostre Mecenas refuse la loüange ;
Et que son ferme cœur que rien ne peut tenter,
Prenne peine à la fuïr comme à la meriter.
   La loüange, il est vray, des hommes souhaitée
Est de tous avec joye en tout temps écoutée :
Et quand d'autres desirs on est peu combattu,
On aime à recevoir ce prix de la vertu :
Mais une amour plus forte en luy se fait connaistre,
C'est, & nous le sçavons, la gloire de son maistre
Qui le possede entier, qui fait tous ses desirs,
Et qui ferme son ame à tous autres plaisirs.
Si donc pour satisfaire à l'ardeur qui le presse
On le voit attentif prendre garde sans cesse
Que les moindres tributs à LOVIS destinez,
Par quelque avare main ne soient point détournez ;

PERRALTI

AD QUINALTUM RESPONSIO

ERGO, Quinalte, queri te teste auditur Apollo,
Mecœnas noster quòd laudes abnuit, hisque
Se dignum præstare putans satis esse, mereri
Quàm certat, studio fugit has non ille minori?
Laudum certè homini solet esse innata cupido
Intima, quæ gratâ mulcent dulcedine corda.
Hæc sibi quisque dari virtutis præmia gaudet;
Ni transversa alio mens abripiatur amore.
Nobilior Mecœnati sed contigit ardor
Huic nostro, AUGUSTI nimirum gloria fulgens
Illa sui; hanc spectat solam, solaque tenetur
Assiduè, curas huc confert providus omnes.
Invigilat tantâ si sollicitudine, tantam
Si confert operam, furtim ne dextra tributis
E Regi addictis partem subducat avara
Vel minimam; quantò vigilare impensiùs ardet,

Pourroit-il voir ailleurs la loüange donnée
Qui plus que les tresors au Prince est destinée,
Qui de tous les parfums à la plus douce odeur,
Et peut seule remplir les souhaits d'un grand cœur?

 Le siecle où nous vivons, ce siecle plein de gloire
Qui couvrira de honte & la Fable & l'Histoire,
Est fecond, je l'avoüe, en esprits excellens,
Qui pour l'art de loüer ont de rares talens:
Mais quel qu'en soit le nombre, & quoy qu'on en attende,
La moisson qu'on leur offre est encore plus grande.
Ils ne pourront suffire à cueillir les lauriers
Qui sont dûs à LOVIS pour ses actes guerriers;
Moins encore à trouver des fleurs toûjours nouvelles
Dignes de couronner ses vertus immortelles.

 Que ceux dont le genie est masle & vigoureux
S'occupent à chanter ses exploits valureux:
Et pour mieux soûtenir le faix d'un tel ouvrage
Qu'ils en fassent entre eux le glorieux partage.
L'un dira de quel air ce jeune Conquerant
Marcha contre Marsal qui le voyoit si grand,
Si fier & si semblable au Maistre de la terre,
Se rendit & prevint le coup de son tonnerre;
Il pourra dire encor les furieux combats
Où son nom qui faisoit l'office de son bras,
Donnant du cœur aux siens & des forces nouvelles,
Rougit les eaux du Rhab du sang des infidelles.

Gloria ne Regis, summo quæ Regia jure
Est Gaza, ac illi Phrygio quæ charior auro
Est omni, quâque halat odor non gratior ullus;
Ac demum quæ sola animos satiatque beatque,
Regales, temerè caput avertatur in ullum?
Multos ista quidem fert ætas aurea, qualem
Quidlibet audendo nec finxit Fabula, laudum
Claros artifices, præconia texere doctos;
Se tamen esse pares hi tot tantique negabunt;
Horum deficient vasto hoc sub pondere vires.
Non messi falces æquæ, dextræve legendis
Floribus, innumeræ texantur ut inde coronæ
Virtutum totique choro, rebusque peractis,
Quarum fama memor nullo delebitur ævo.
Qui Genio, quique arte valent & pectore forti,
Suntque inflare tubam, Martemque sonare periti,
Regis bella canant: moles operosior illos
Tota premet; partem sumat sibi quisque laboris.
Hic referet quo se ille animo, quoque ore ferebat
Marsaliam contra, primævæ in flore juventæ,
Vtque videns jam talem illum tantumque, paratum
Vrbs illa elusit submisso vertice fulmen.
Hic idem Arrabonam memorabit sanguine tinctum
Gallorum, tardo per densa cadavera cursu,
Cùm Germanorum Galli fulsere ruïnam,
Auxilio missi, modico licet agmine, vires
Sed cui sufficerent virtus & gloria Regis
Nomenque invicti, stimulosque adverteret absens.

C

Vn autre le peindra quand par cent beaux exploits
Il contraignit la Flandre à recevoir ses loix,
Quand bravant le peril d'un courage intrepide
On le vit affronter la tranchée homicide,
Et quand sollicité par son heureux destin
Il court à ses soldats qui combattoient Marsin,
Et qui tous animez par son Nom, par sa gloire,
Avant qu'il les joignist obtinrent la victoire,
Ainsi que loin du bras qui les a décochez,
Les traits donnent la mort à ceux qu'ils ont touchez.
Quelque autre dans ses Vers aura pour entreprise
En deux fois six soleils la Bourgogne conquise,
Où malgré les remparts armez de mille feux,
Et la saison contraire aux exploits belliqueux,
LOVIS precipitant ses hautes destinées
Fit en des jours si courts de si grandes journées.
Vn autre dépeindra la Hollande aux abois,
Où d'abord il força quatre Forts à la fois,
Prit des Villes sans nombre, & d'un ferme courage
Franchit du large Rhin le perilleux passage.
Il en peindra le Dieu saisy d'étonnement,
Mais joyeux de toucher au fortuné moment
Qu'il va voir glorieux couler toute son onde
Sous les augustes Loix du plus grand Roy du monde,
Qui maistre de ses bords & craint de toutes parts,
Le rendra plus fameux que n'ont fait les Cesars.

Sit quoque quæ Belgis grátetur Musa, coactis
Lene subire jugum, sed mille pericula postquam
Regi exhausta, armis gravidas dum cingeret urbes;
Non dubitans Martem propiore lacessere pugnâ,
Ipsis sub muris hostilique aggere bellans.

Dicet & illa hostes Marsino sub duce fusos,
Rege absente quidem, sed opem, secum agmine rapto,
Accelerante suis; at jam Victoria, Regis
Hunc celerem cursum rapidis præverterat alis:
Cedebant hostes sensim, dum castra movebat
Approperans; fusi, cùm nondum incumberet heros.
Sic longè, à dextra concepto vulnere; tela
Dant jaculata necem; comitantur euntia vires
Impressæ, fugiensque manum perducit arundo.
Isti Carmen erit Burgundia solibus acta
Bissenis nostras in leges, dumque rigebat
Terra, nivesque hostem visæ glaciesque tueri,
At major fato, & Victor Rex temporis, illis
Confecit brevibus, quæ sæclis æqua, diebus.
Expirantem alius Batavum describet, anhelam
Vixque trahentem animam, LODOIX, cùm quatuor unà
Ceperat, atque uno ceu rete involverat urbes,
Ordine moxque alias rapido torrentior amne
Invasit penè innumeras, nec Rhenus euntem
Tardavit, superat, quas spumeus objicit undas;
Evacuans immenso urnam cum gurgite totam.
Flumineus pingi poterit Deus ille, gravantes
Attonitus sensit cùm dorso innare catervas,
Mox tamen & lætus, sua quòd modo Lympha beatum
Carpet iter, summi sub Regis deflua lege,
Cæsaribus nec sub Dominis par gloria quondam,
Undivorum quali jam se devolvet in æquor.

C ij

Une autre Muſe enfin, noble, heroïque & fiere
Dira pompeuſement ſa conqueſte derniere,
Sur tout quand Beſançon forcé de tous coſtez
Eut ouvert à LOVIS ſes deux grandes citez.

Le Fort qui les défend élevé dans la nuë,
Et qui ſe laiſſe à peine approcher à la veuë,
Libre encore & tout gros de foudres meurtriers
Sembloit avec mépris regarder nos guerriers.
C'eſt là, dit le Heros, c'eſt là, Troupe fidelle,
Que l'objet de vos veux la gloire vous appelle ;
Plus le chemin qu'elle offre eſt rude & dangereux,
Et plus elle a d'appas pour des cœurs genereux.

La Gloire en ce moment de rayons couronnée,
Telle qu'elle eſt au ſoir d'une grande journée,
Paroiſt au haut du mont invitant les ſoldats
A mépriſer la mort & leur tendant les bras.
Où la Déeſſe épand ſa lumiere divine,
Le mont s'abaiſſe & ſemble une douce colline,
Couverte en ſon ſommet de ces nobles lauriers
Dont toûjours les plus beaux ſe cueillent les premiers.

L'échelle en mille endroits auſſi-toſt eſt dreſſée,
Tous ont pour y monter une ardeur empreſſée,
Et brulans à l'envy d'un genereux tranſport,
Veulent ſans plus tarder la victoire ou la mort.
Malgré des feux tonnans la meurtriere greſle,
Et les traits élancez qui tombent peſle-meſle

Vberior demum cui vena & Martius infit
Spiritus, illa canet bello quæ gesta recenti,
Cùm geminas præsertim urbes Vesontio pandens
Victorem accepit, Martis se mole ferentem,
Fundentemque simul placido jubar ore benignum.
Arx erat incolumis, firmata situque manuque,
Montis structa jugo, fœta armis, horrida visu,
Quæque videbatur celsa de rupe minari
Ipsis centimanis tentare Gigantibus ausis.
Huc, ô fida cohors, huc vos, ait inclytus Heros,
Gloria nota vocat; votorum hæc meta superstes.
Quò via se prærupta magis, magis ardua tollit,
Hòc magis eniti virtus interrita gaudet.
Cincta caput radiis mox dat se è monte videndam
Gloria, qualis adest, quando est Victoria parta,
Et lætos agitat palmata in veste triumphos.
Tum Dea divinam sparsit quà fulgida lucem,
Leniter acclivis mons est subsidere visus,
Collis & esse, & jam non insuperabile culmen
Laurigerum: Quisque hinc ardet decerpere frondes
Quarum quæ primæ rapiuntur pluris habentur,
Hinc mille applicitæ rupi scalæ ocyus hærent:
Rumpit inaccessos aditus Exercitus omnis
Certatim; palmam vel mortem quilibet optat,
Et per saxa, gradu nondum tentata, priorem
Ferre pedem, vel tentati clarescere fama.

Contre le roc affreux on les voit gravissans ;
Et vers le haut du mont l'un l'autre se poussans.
Arrivez au sommet ils forcent la barriere,
Affrontent l'ennemy qui se cache derriere,
Et se joignant à luy corps à corps, bras à bras,
Reçoivent vaillamment ou donnent le trépas.
De cent coups redoublez nos canons les secondent,
D'un semblable courroux ceux du Fort leur répondent ;
A la lueur des feux on voit de toutes parts
La Mort impitoyable errer sur les remparts.
Mais enfin nos Guerriers tous obstacles surmontent,
Rien n'arreste leur bras, il n'est rien qu'ils ne domtent,
Et l'Ennemy pliant sous leur vaillant effort,
Perd courage, s'enfuit, & leur cede le Fort.

Voilà de grands sujets & d'illustres matieres
Pour exercer la voix de nos Muses guerrieres.
Celles dont le genie est plus tendre & plus doux,
Qui du Dieu des combats redoutant le courroux,
Trembleroient en chantant ces sanglantes conquestes.
Qu'elles chantent les jeux & les galantes festes
Dont le Heros se plaist à rejoüir sa Cour,
Quand sa foudre repose & qu'il est de retour.
Ces nuits de mille éclairs brillantes & parées,
Et de feux colorez richement éclairées ;
Ces aimables vergers que les plus belles fleurs
Emaillent en tout temps de leurs vives couleurs ;

Ingruit ex alto flammata & plumbea grando;
Nil tamen illa obstat; perreptant cruda locorum,
Et qui pone subit præeuntem fervidus urget.
Culmen ubi tetigere, vocat labor alter anhelos,
At crescit virtus pariter, crescente labore.
Munimen superest: prensant fastigia dextris,
Deturbantque hostes; vel, si vestigia firmant,
Illis impliciti strictis amplexibus hærent
Fortiter, & mortem dant accipiuntve decoram.
Ænea nostra illis tonitrus per mille secunda
Dum tormenta favent, respondent hostica bombo
Consimili, Marsque in terris & in aëre sævit.
Ignitoque micat dum bellica sulphure flamma,
Mors mille horrificis circumsilit obvia formis.
At Bellatores superant obstantia nostri
Tandem cuncta, audet nullus se sistere contra;
Ceditur, & summa vexillum attollitur arce.
Argumentum ingens, & bellatricibus apta
Materies hæc est & prorsus idonea Musis.
Blandior at quibus est Genius, quibus horrida bella,
Armorumque Dei solo quæ nomine pallent
Audito, tremerentque istos cantando triumphos
Sanguineos; hæ festa canant spectacula, ludos,
Heros multigeno quos magnificoque paratu
Exhibet ille redux, oblectans seque suosque,
Cùm Belli excussus pulvis, fulmenque quiescit.
Illas describant noctes pingantque micantes
Multicolore igni, cui stellifer invidet axis.
Pingant Dædaleo læta hæc viridaria versu,
Gemmea, quot vernans se floribus induit annus;

Ces flots d'argent que l'Art plus fort que la Nature,
Eleve & fait briller sur un fonds de verdure ;
Ces immenses canaux & tant d'autres beautez,
Qui parent à l'envy ces jardins enchantez,
Demandent les accords de la plus douce Lyre ;
Qui pourtant pour charmer n'aura qu'à les décrire.
  Ceux dont l'esprit s'applique à conduire la main
Qui grave en bas reliefs l'histoire sur l'airain
Sous le voile sacré de cent doctes images,
Transmettront ses hauts faits jusqu'à la fin des âges.
D'un immortel burin on y verra tracez,
Ses ennemis cent fois par son bras terrassez,
La pureté des loix en tous lieux restablie,
Des funestes duels la fureur abolie,
Aux Corses insolens le pardon accordé,
Par l'Espagne aux François le premier rang cedé,
De bastimens pompeux la France décorée,
De solides presens la science honorée,
Toute la suite enfin des miracles divers,
Dont LOVIS chaque jour étonne l'Vnivers.
Ces grandes actions, sous formes empruntées,
Par une Muse adroite artistement traitées,
Iront de la Peinture exercer le pinceau,
Et servir de matiere au penible ciseau,
Ce sont là tous sujets de grandeur infinie,
Capables d'épuiser le plus vaste genie.

Ac simul hoc liquidum campo in viridante refulgens
Argentum, superas quod seque evibrat in auras,
Vt Cœlum aëria videatur cuspide lambi:
Ingeniique paris dicant quæ plurima cerni
Hîc dant se, Natura obstans ubi vincitur arte.
Immensum protenti illi vitreique canales,
Quæque hortos tot amœna illos miracula ditant
Exornantque, Lyram valeant sibi poscere Phœbi,
Sitque satis veri fines implere canendo,
Vt visu quodcumque alibi mirabile cedat.
Sat raptura animos, quæ nil tenuabit imago.
Illi, dimidia sculpunt qui parte figuras
Extantes modicè, duroque has molliter æri
Incîdunt, hîc æternùm præbentque legendas
Historias, tacita rerum sub imagine sæclis
Transmittent longè Regis quoque gesta futuris.
Hîc hostes victi, diversa aut clade fugati
Cernentur, pacemque petant qui supplice dextra.
Hîc sæcli poterunt hujus summa illa videri,
Ius instauratum, Legum firmata potestas,
Mutua proscriptis laniena extincta duellis,
Roma orante reis dimissa injuria Corsis,
Concedens Gallis primos Hispanus honores,
Gallia magnifico structuræ ornata decore,
Et largè donis & honore Scientia culta,
Cęteraque, ad seros quæ perventura nepotes
Suspicienda illis, nunc totus ut adstupet orbis.
Pictorum hæc arti sunt sculptorumque labori
Inclyta materies, laudique futura perenni.

Ainsi du Dieu des vers celebres Nourrissons
N'employez point ailleurs vos divines chansons ;
Par elles vostre nom dans les races futures
De ce fameux Heros suivra les avantures,
Et vostre Mecenas par elles enchanté
Aura ce que son cœur a le plus souhaité.
 Du reste il luy suffit pour se faire connaistre,
Qu'on sçache à l'avenir qu'il servoit un tel Maistre,
Et que son zele ardent a merité le choix
Qu'en a fait le plus sage & le plus grand des Rois.

PERRAVLT,
de l'Academie Françoise.

Ergo, Parnassi proceres, lectissima Phœbi
Lauro cincta cohors, aliam ne quærite vestri
Materiam cantûs; vos hûc ferat entheus ardor
Vnicus; haud parva dabitur mercede potiri,
Herois famam nam vestra amplexa sequetur,
Et fatum fato adsurgens splendescet ab illo.
Sat Mecœnatem vestrum laus illa beabit.
Privatim cupit ipse nihil; sat eritque superque,
Nomen ut ipse suum serum transmittat in ævum,
Olim tanto illum Domino servîsse minores
Si norint, summo & studio meruisse, fideque,
Summo à Rege legi, summè & sapiente, Ministrum.

www.ingramcontent.com/pod-product-compliance
Lightning Source LLC
Chambersburg PA
CBHW070712050426
42451CB00008B/608